AF502841

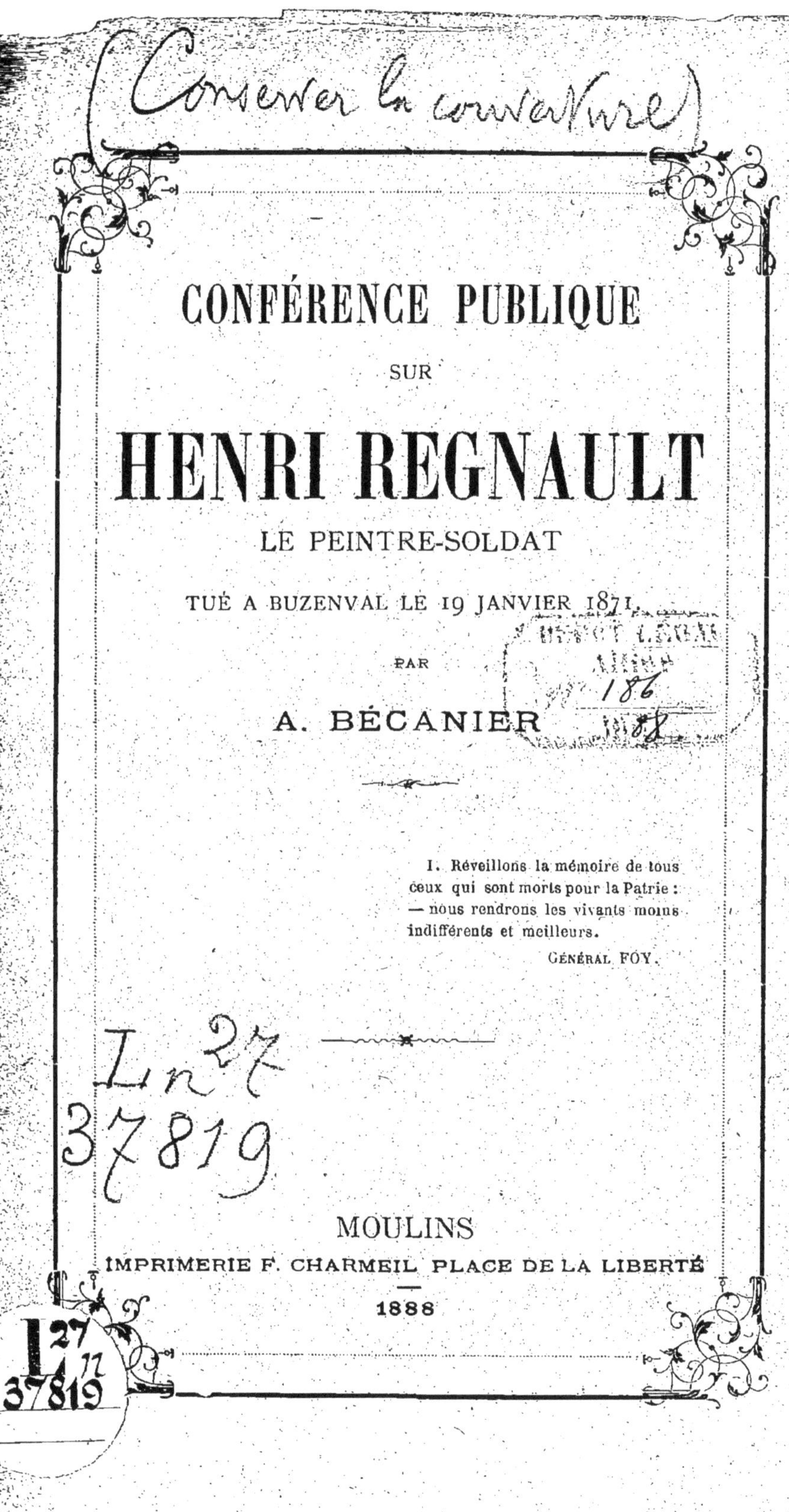

CONFÉRENCE PUBLIQUE

SUR

HENRI REGNAULT

LE PEINTRE-SOLDAT

TUÉ A BUZENVAL LE 19 JANVIER 1871

PAR

A. BÉCANIER

> I. Réveillons la mémoire de tous
> ceux qui sont morts pour la Patrie :
> — nous rendrons les vivants moins
> indifférents et meilleurs.
>
> GÉNÉRAL FOY.

MOULINS

IMPRIMERIE F. CHARMEIL, PLACE DE LA LIBERTÉ

—

1888

CONFÉRENCE PUBLIQUE

SUR

HENRI REGNAULT

> I. Réveillons la mémoire de tous
> ceux qui sont morts pour la Patrie :
> — nous rendrons les vivants moins
> indifférents et meilleurs.
>
> GÉNÉRAL FOY.

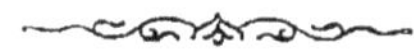

MESDAMES ET MESSIEURS,

> Sans doute il est trop tard pour parler encore d'elle ;
> Depuis qu'elle n'est plus quinze jours sont passés,
> Et dans ce pays-ci, quinze jours, je le sais,
> Font d'une mort récente une vieille nouvelle.
> De quelque nom d'ailleurs que le regret s'appelle,
> L'homme, par tout pays, en a bien vite assez.

Cette strophe de Musset à la Malibran pourrait s'appliquer à toutes les gloires nationales que nous avons perdues dans ce siècle. Notre vie est si distraite et si mouvementée, les événements et les impressions s'y succèdent avec tant de rapidité que, tout entiers aux vivants, nous n'avons plus de pensée pour les morts. Quels que soient leurs titres à l'estime de la postérité, après la terre l'oubli tombe aussi sur eux.

Cette fragilité de nos souvenirs, qui tient en partie à la mobile insconstance de notre nature athénienne, s'explique aisément en démocratie où le sentiment de l'égalité s'oppose à l'excès dans l'admiration, où la liberté produit et développe des milliers de talents divers ; — mais elle est peut-être aussi un signe de l'indifférence du cœur qu'on reproche à notre génération. Il y a donc un patriotique devoir à remettre en lumière, pour les proposer à l'imitation publique, les intelligences actives et fécondes, les grands caractères surtout, dont le besoin se fait sentir tous les jours davantage.

C'est, du moins dans cette pensée que j'ai choisi pour sujet de cette conférence *Henri Regnault,* le peintre illustre, le vaillant volontaire, tué à la bataille de Buzenval, le 19 janvier 1871, à l'âge de 27 ans.

Mais je dois d'abord confesser que toute prétention à l'autorité en matière artistique serait déplacée de ma part. Je n'ai jamais eu l'honneur de tenir la brosse du peintre ni l'ébauchoir du modeleur et du sculpteur. J'ai peut-être quelque goût pour les beautés de la nature, et je crois fermement à l'avenir de la France par le développement dans la jeunesse du sens de l'idéal. Ce sont mes excuses et mes titres à votre indulgence.

*\
* *

Henri Regnault est une gloire parisienne. Sa mère, femme douce, charmante, très éprise d'art et de littérature, resta longtemps d'une angélique beauté et mourut en 1866. Son père, professeur de chimie au Collège de France, puis directeur de la manufacture de Sèvres, s'était élevé, par la précision de son intelligence et l'énergie de son travail, jusqu'à l'Institut, dont il fut 15 ans une des plus vives lumières.

Henri Regnault a l'enfance ordinaire de presque tous les peintres de race : le crayon est son jouet préféré, le dessin, son amusement favori. Le *Jardin des plantes* l'attire vers ses animaux les plus nobles et les plus fiers. Il y a même, à ce sujet, une légende un peu forte. On prétend qu'on le trouva, un jour, dans la cage d'une lionne qui passait pour apprivoisée, dont il voulait faire le portrait de plus près et qui ne l'interrompit pas dans cette occupation. La poésie et l'histoire lui parlent surtout par le côté pittoresque et la narration tourne aisément pour lui au tableau : témoin ces esquisses au fusain des batailles d'Issus, d'Arbelles et de Rocroi, mouvementées, pathétiques jusqu'au théâtral, d'une imagination étonnante chez un artiste de 13 ans. En 1857, il s'improvise sculpteur et modèle, avec une habileté précoce, un cheval de l'Empereur, à peine entrevu dans les écuries de Saint-Cloud. A mesure que le goût se développe avec l'adolescence, son penchant le presse, le possède, l'entraîne ; il ne peut résister à la passion de crayonner sans cesse, à la campagne, à Paris, ce qui s'offre à ses yeux, ce qui flotte dans sa mémoire : souvenirs de l'antiquité, fables de la mythologie, vivantes réalités, profils d'amis, charges de ses professeurs, illustrations d'André Chénier et d'Alfred de Musset, paysages, tout au monde.

En 1860, après de brillantes humanités, qui lui valent une mention spéciale au baccalauréat-ès lettres, il quitte le lycée Napoléon. Il a dix-sept ans. Sa jeunesse va s'épanouir avec les dons les plus heureux de la nature, avec les complicités les plus favorables du sort. Il a reçu de son père un nom illustre qui lui ouvre toutes les portes ; il n'a point, comme d'autres, à lutter pour la vie ; il peut, pour son travail d'artiste, ne se refuser ni un voyage, ni une étoffe précieuse. A une constitution physique infatigable, à des membres agiles, vigoureux, assouplis par l'escrime, l'équitation, la gymnastique, il joint un visage distingué, une physionomie heureuse, les yeux les plus vifs du monde ; à la meilleure éducation, il réunit la sociabilité la plus gracieuse. Toutes les femmes disent de lui : « Il a le charme », et les hommes aussi. Il a pour la musique des dons extraordinaires. Sa voix de ténor est l'une des plus pures, des plus fraîches, des plus délicieusement timbrées que l'on puisse imaginer ; il s'en sert avec une intelligence et un sentiment parfaits. « Je

« l'ai entendu avec ravissement, me disait un jour un député
« du Doubs, M. Charles Beauquier, chanter *la Prière du*
« *Prophète* et le *Faust* de Gounod ; je conserve dans
« l'oreille et ne perdrai jamais le son de cette voix si douce
« et si chaude ».

Ajouterai-je que ses lettres intimes, dont je vous citerai
quelques passages, montrent comment, avant 25 ans, il
savait manier sa langue. Que d'étonnantes descriptions dans
cette correspondance ! Quel mélange d'éloquence et de
poésie, d'élévation et de familiarité !

*
* *

C'était un grand péril pour un jeune homme que tant
d'aptitudes diverses. Il lui eût été facile de s'engourdir parmi
ses rapides succès ; plus facile encore de disperser ses talents
et de se borner à être en tout le premier des amateurs.
Heureusement, il y a une chose qu'il aime avec plus de
passion que tout le reste, avec laquelle il aspire à se faire
un nom : la peinture. Rien, même un jour, ne sera capable
de la lui faire oublier. Il portera là son incessant effort, son
énergie, sa volonté.

Il entre à l'école des Beaux-Arts, dans l'atelier de Pils.
Il enlève le prix de Rome en 1866, à l'âge de 22 ans. Il part
pour l'Italie, tout plein d'ardeur et de joyeuses espérances.
« Partons jeunes, écrit-il, à un ami, pour être émus, pour
« pouvoir nous assimiler et boire le soleil, et revenons
« jeunes pour créer avec force ».

Il voit Florence, il voit Rome, il reçoit de toutes leurs
merveilles comme un coup. La Chapelle Sixtine surtout le
terrasse. Michel Ange et Raphaël lui apparaissent comme
des géants ; mais il sent qu'il a, en ce moment, peu à profiter
d'eux. L'imitation des maîtres est surtout féconde pour
ceux qui sont disciples ; les personnalités vigoureuses ont
plus à perdre qu'à gagner à l'étude patiente et prolongée
des chefs-d'œuvre. Elles risquent de perdre leurs qualités

propres en essayant d'acquérir celles des autres. *Regnault* se sent né chef d'école et coloriste. Ce n'est pas à Rome qu'une voie nouvelle peut s'ouvrir à lui.

Il voit Sorrente et l'admirable golfe de Naples. Là, la lumière l'émerveille ; il veut s'arrêter, faire des études : la fièvre le chasse.

L'Espagne le tente. Au milieu de l'année 1868, il part pour l'Espagne. De Bilbao à Burgos, Avila, Madrid, Tolède, son voyage est un enchantement. Son œil boit avidement la belle lumière, éblouissante et limpide. Il se fixe à Madrid ; il y a là Velasquez, « le peintre le plus peintre qui ait été, » écrit-il. Velasquez est son maître, son dieu, « il ne ressemble pas aux peintres italiens, si puissants, si majestueux, si profonds qu'ils effraient ; il est abordable celui-là, il invite à venir à lui. » *Regnault* doit une copie comme pensionnaire de Rome, l'année suivante. Il l'entreprend aussitôt. C'est à Velasquez qu'il s'attaque, au plus étonnant tableau de Velasquez, au tableau des *Lances*. « Ce n'est plus de la « peinture, écrit-il, dans son enthousiasme, c'est une fenêtre « ouverte sur la nature ».

Il est attelé à ce gigantesque travail, lorsque la Révolution survient. Isabelle est détrônée. Il voit Prim faire son entrée triomphale au milieu des acclamations frénétiques du peuple et des cris : *A bas les Bourbon ! Vive la République !* Il se résout aussitôt à faire le portrait de Prim à cheval, et se met à la besogne, plein d'entrain ; il travaille les trois quarts de la journée, puis il dépense, en tous sens, sa prodigieuse activité. Une heure, il est dans les salons des grands personnages du jour ; l'heure suivante, dans quelque cabaret perdu, quelque « *Lapin blanc* » de Madrid, c'est son mot ; il fréquente les danseuses, se lie d'amitié avec les gitanos, devient le parrain de leurs enfants ; il les étonne par son agilité et sa force, les *épate,* comme il le dit, en marchant sur ses mains et sautant deux chaises à pieds joints et cinq

avec élan. « Enfin, s'écrie-t-il avec gaieté, j'ai trouvé des
« gens qui me comprennent ».

Puis, vient le Carnaval ; il en partage toutes les folies ; il
en décrit toute la verve emportée. Le travail pourtant avance
sans cesse ; le portrait de Prim est achevé !

Je l'ai vu, Mesdames et Messieurs, au musée du Luxem-
bourg et je n'oublierai pas l'impression qu'il m'a produite.

A côté de l'émeute hurlante et triomphante qui l'acclame,
on voit sur un cheval exubérant, à la longue crinière, domi-
nant la foule en désordre, l'homme que les événements, que
l'enthousiasme populaire élèvent au pavois ; en ses mains
sont remises les destinées de la Patrie ! Arrêtera-t-il la
Révolution comme il arrête ce cheval impétueux dont il
serre les rênes ? Sera-t-il cet homme supérieur par l'intelligence comme par le cœur que les peuples attendent à
certaines heures décisives ? On lit les pensées qui fermentent
graves et parfois effrayées sur ce front découvert; il comprend
les responsabilités qui pèsent sur lui.

Sans être connaisseur, je ne pense pas qu'il y ait parmi
les grands portraits de personnages historiques beaucoup de
chefs-d'œuvre que l'on pourrait mettre au-dessus de celui-ci,
aussi bien pour la hauteur de l'inspiration que pour la
puissance de l'exécution.

De Madrid, *Regnault* envoie encore à Paris, au Salon de
1869, le portrait de la comtesse de *Barck* qui dut à sa grâce
coquette un complaisant accueil, puis sa *Judith* qu'il a
exécutée un peu en hâte (comme un pensum), dit-il. Puis, il
descend en Andalousie, où la guerre l'avait empêché de
pousser l'année précédente. Là, il va retrouver plus de
lumière encore. La nature, aux environs d'Alicante, l'émerveille ; il s'arrête sans cesse pour faire des études ; bientôt,
il arrive à Grenade, il voit l'*Alhambra*. — Aussitôt, tout le
reste disparaît pour lui. C'est un enchantement sans égal.
Jamais son enthousiaste nature n'a connu autant d'enthou-

siasme. Il écrit dans un accès de ce lyrisme qui ne se refroidit pas :

« Ma divine maîtresse, l'*Alhambra* m'appelle ; elle m'a
» envoyé un de ses amants, le *Soleil*, pour me prévenir qu'elle
» a fait sa toilette et que déjà elle est prête à me recevoir. Je
» ne peux faire autrement que de vous quitter.

» Allah ! tu es mon Dieu ! et toi, Mahomet, sois béni, qui
» as inspiré de si incomparables merveilles ! Je t'aime parce
» que tu es le père de ma chère et adorée *Alhambra*..... »

Il reste là, en effet, des mois entiers, ne se lassant pas d'admirer la richesse et la variété des décorations, les caprices de l'architecture, l'éclat des faïences qui ornaient les murs, luttant chaque jour, tantôt avec la palette, tantôt avec l'aquarelle à la main, pour rendre la magnificence des couleurs, l'harmonie des tons.

Mais bientôt Grenade même et l'*Alhambra* ne lui suffisent plus : il veut voir le Maroc.

Il arrive à Gibraltar, il franchit le détroit. Le voilà sur la terre d'Afrique, à Tanger. Il s'y installe, il y achète un terrain, il y fait construire un atelier assez vaste pour se mettre à l'œuvre. Il faut l'entendre célébrer la magnificence du soleil africain, l'ardente, l'implacable lumière tombant à flot du ciel sans nuage. C'est pour lui une joie, une fête, une ivresse des yeux.

« Chaque fois que nous montons sur notre terrasse, nous
» sommes éblouis par l'éclat de cette ville de neige qui, sous
» nos pieds, descend jusqu'à la mer comme un grand escalier
» de marbre blanc ou une nichée de mouettes blanches.

« Je crois, Dieu me pardonne ! que le soleil qui vous éclaire
» n'est pas le même que le nôtre, et je vois de loin, avec
» terreur, le moment où il faudra recontempler, en Europe,
» l'aspect lugubre des maisons et des foules.

« Mais avant d'y entrer, je veux faire revivre les vrais
» Maures riches et grands, terribles et voluptueux à la fois,

» ceux qu'on ne voit plus que dans le passé. — Puis Tunis,
» puis l'Egypte, puis l'Inde.

« Je monterai d'enthousiasme en enthousiasme, je m'eni-
» vrerai de merveilles, jusqu'à ce que, complètement
» halluciné, je puisse retomber dans notre monde morne et
» banal, sans craindre que mes yeux ne perdent la lumière
» qu'ils auront vue, pendant deux ou trois mois. — Quand, de
» retour à Paris, je voudrai voir clair, je n'aurai qu'à fermer les
» yeux, et alors Mauresques, Fellahs, Indous, colosses de
» granit, éléphants de marbre blanc, palais enchantés, plaines
» d'or, lacs de lapis, villes de diamants, tout l'Orient m'ap-
» paraîtra de nouveau. Oh ! quelle ivresse, la lumière ! »

C'est là, tout enivré de lumière, comme il le dit, qu'il
termine d'abord cette fameuse *Salomé* que plusieurs d'entre
vous ont pu voir à Paris, en 1874, à l'exposition des œuvres
d'*Henri Regnault* et dont l'heureux possesseur est aujour-
d'hui Madame de Cassin.

Sans vouloir apporter ici un pédantisme historique fort
inutile, je dirai que *Salomé* était une jeune fille élevée à Rome.
Elle appartenait à une de ces familles royales qui avaient
perdu leur nationalité et copiaient les vices des maîtres du
monde dont elles mendiaient la faveur et qui leur donnaient
ou leur reprenaient, à leur gré, les couronnes.

Fille d'Hérode-le-Grand, elle était par son éducation une
Romaine de la décadence. Jamais une vraie princesse orien-
tale n'aurait dansé en public et n'aurait eu ces airs d'Almé
sous lesquels le tableau la représente.

Je prie, Mesdames et Messieurs, ceux de vous qui ont vu
cette toile, d'une si extraordinaire originalité, de rassembler
leurs souvenirs.

« Sans action comme sans pensée, *Salomé* est assise sur
un coffret persan incrusté ; ses genoux supportent un bassin
de cuivre ; sa main gauche en a retiré un cimeterre à four-
reau d'argent ciselé et, dans un mouvement banal, le bras

droit s'est replié et appuyé à la hanche. Une draperie jaune tient lieu de corsage et laisse à découvert le haut de la poitrine; les plis d'une ceinture mauve marquent la taille, tandis que de petites babouches violettes, doublées d'écarlate, cachent à peine l'extrémité des pieds nus qui reposent sur une peau de panthère; les jambes, nerveuses et musclées comme celles d'une danseuse de profession, se dessinent sous la transparence d'une gaze pailletée. Imaginez en plus un tissu rose jeté sur l'épaule gauche; du même côté une écharpe gris-tourterelle dont le liseré d'or traîne jusqu'au sol, et autour de la peinture, pour servir d'écho et de soutien à la chevelure, la large ligne d'une bordure d'ébène. »

Telle est la *Salomé* de *Regnault*, « l'événement, l'étonnement du Salon de 1870 ».

C'est devant elle que la foule se porte ; — celui-ci vante, cet autre blâme, la plupart discutent, les exclamations volent de bouche en bouche ; on croirait revenu le temps des batailles romantiques. — « Ce n'est pas du grand art, c'est un grand talent », écrit M. Albert Wolf. — « C'est un chef d'œuvre incontestable », répond M. Edmond About, enivré du succès de celui qu'il n'a cessé d'exalter. — Théophile Gautier s'écrie : « Prim, c'est toute l'Espagne ; Salomé, c'est tout l'Orient ».

Toujours est-il que chacun se demande par quelle prodigieuse adresse de la main, par quel maniement inouï du pinceau, l'audacieux jeune homme avait pu, sans le secours des ombres, enlever ainsi, dans une gamme de plus en plus éblouissante, le jaune sur le jaune, les ors sur les ors, les roses sur les oranges ; réunir côte à côte, sans qu'elles se heurtent, sans qu'elles se nuisent, les couleurs qui passaient dans l'école pour ne pouvoir s'allier. — Aucun tableau n'a autant passionné la critique, n'a exercé sur la peinture contemporaine une pareille influence.

A *Salomé,* succède la *Sortie du Pacha,* puis une *Exécution à Tanger,* œuvre d'une fidèle analyse et d'une pénétration exquise, où est peinte toute une civilisation, et dans ce supplicié au regard féroce, à la tête brutale, et dans ce bourreau plus stupide et plus brutal encore, qui essuie tranquillement son épée, après avoir fait sa besogne ; derrière la porte fermée de ce splendide palais, on devine le maître absolu et indolent dont un signe a suffi pour faire tomber une tête.

Regnault amasse des matériaux, complète les documents déjà recueillis, avant d'entreprendre le tableau qu'il médite, la *Sentinelle marocaine.* — « Tout ce que j'ai fait ne compte « pas, écrit-il à un ami : je vais me renfermer pour des œuvres « importantes dans mes terres africaines où je n'aurai plus à « rager contre les petits crevés et les affreux bourgeois, « contre le ciel français et les journées pendant lesquelles « on doit allumer la lampe à midi et demi ».

*
* *

C'est dans ces dispositions que la nouvelle de la déclaration de guerre le surprend à Tanger. Aussitôt, les émotions du soldat, les entraînements de la bataille, les enivrements de la victoire exaltent son imagination d'artiste, enflamment son cœur de patriote. Loin de lui l'idée que le prix de Rome l'exempte du service militaire. — « Je ne viens pas à Paris « avec mon tableau, parce que je serais capable de partir « pour la Prusse, écrit-il le 3 août ».

Désormais, cette pensée ne l'abandonnera plus. Une lettre à son père, datée du 12 août, établit que sa décision est prise, qu'il se tient prêt à tout événement. — Laisse donc « Eugène (son frère) aller à son poste ; je voudrais bien y « aller aussi, moi, et si les choses vont mal, je n'y serai pas « le dernier : un être inutile à son pays ne doit plus se « trouver en France sous aucun toit — Il est du devoir de

« chacun de marcher et de soutenir honorablement son titre
« de Français, qui ne doit pas devenir synonyme d'égoïsme,
« de lâcheté, de mollesse..... Je serai heureux de savoir
« Eugène au camp, au feu s'il le faut..... En somme, on en
« revient. Toute tête en ligne n'est pas abattue. Il faut avoir
« foi en son étoile ou dans tout ce que tu voudras..... Adieu
« cher père. — A bientôt peut-être ».

*
* *

Les nouvelles arrivent, — et mauvaises. *Regnault* n'y
tient plus. — Adieu l'art, le soleil, les visions de l'Alhambra,
les Mauresques. Il ne voit plus que la Patrie, il ne songe plus
qu'à cette France qui a besoin de tous ses enfants. Il accourt
à Paris. Il s'engage dans une compagnie de Francs-Tireurs ;
mais, une fois paru le décret qui organise les corps nationaux
de marche, il entre dans le 69mo bataillon.

En novembre, il est aux avant-postes d'Asnières, et vers
la fin de décembre, à ceux de Colombes.

Toujours et partout il remplit son devoir avec l'ardeur
généreuse, la foi passionnée qu'on l'a vu déployer auparavant dans la pratique de l'art ; il pousse même l'abnégation
jusqu'à ne point accepter le grade de sous-lieutenant qui lui
est proposé. — « Mon exemple, dit-il à son capitaine, pour
« expliquer son refus, peut encore rendre plus de services
« que mon commandement. Décidé à supporter sans broncher
« la fatigue et les ennuis du métier, sans m'en éviter aucun,
« à être le premier aux corvées et le premier au feu, j'espère
« entraîner à ma suite ceux de mes camarades qui seraient
« portés à se plaindre ou à hésiter ».

Rien ne saura le détourner de son but : les déceptions,
les souffrances, les angoisses restent sans prise sur cette
âme héroïque, son énergie ne faiblit pas un instant, même
durant cette veille du 8 janvier 1871, une des plus terribles
du siège, qu'il décrit à sa fiancée, mademoiselle Geneviève
Breton, en termes si navrés : « Enfin cette nuit interminable

« est finie ! O ma pauvre amie, c'était horrible ! Mais je ne
« veux pas me plaindre, parce qu'il y en a qui auront plus
« souffert que moi. Nous avons, dans la journée, levé et posé
« trois fois le camp.

« Un vent glacial menaçait à chaque instant de nous en-
« lever nos tentes ; nous étions entièrement exposés à cette
« tempête de glace ; tout gelait dans nos bidons ; les pieds
« étaient devenus insensibles. Oh ! je puis parler sciemment
« du froid, et sais ce matin ce qu'est une nuit sur la terre
« dure, exposé à une bise glaciale..... Quatre hommes chez
« nous gelés, dont un sergent..... Assez là-dessus. Je me
« réchaufferai à votre foyer. Je vous aime ; j'aime mon pays,
« et cela me soutient. Adieu ».

*
* *

Dans une de ces sombres journées de la fin du siège, où
la désolante réalité dissipe les dernières illusions, plutôt
que de récriminer, *Regnault* réfléchit sur les causes de nos
désastres et épanche ses tristesses patriotiques dans des
notes, en manière de maximes. « Nous avons perdu beaucoup
« d'hommes ; il faut les refaire, et meilleurs et plus forts.

« La leçon doit nous servir — Ne nous laissons plus amollir
« par des plaisirs faciles. — La vie pour soi seul n'est plus
« permise. — Il était, il y a quelques temps, d'usage de ne
« croire à rien qu'à la jouissance et à toutes les passions
« mauvaises. — L'égoïsme doit fuir et enmener avec lui
« cette fatale gloriole de mépriser tout ce qui était honnête
« et bon. — Aujourd'hui, la République nous commande à
« tous la vie pure, honorable, sérieuse, et nous devons tous
« payer à la Patrie, et au-dessus de la Patrie, à l'humanité
« libre, le tribut de notre corps et de notre âme ».

N'est-ce pas là, en quelque sorte, le testament d'un philo-
sophe, l'adieu d'un stoïcien à la vie ?

*
* *

Les heures du peintre-soldat sont, en effet, déjà comptées. Le lendemain, 17 janvier, l'ordre arrive de se porter aux avant-postes. Le surlendemain, la bataille s'engage ; à midi, sa fiancée reçoit encore de ses nouvelles : « Tout va à « souhait ; la redoute de Montretout vient d'être brillamment « enlevée ».

Le jour décline et la lutte se soutient encore vive dans le mur du parc de Buzenval, où *Regnault* se bat comme un lion depuis le matin. Le sol est jonché de cadavres et le mur ne nous appartient pas encore. — Le clairon sonne ; — c'est la retraite, l'accablante contrainte de redescendre les pentes gravies naguère avec tant d'élan. On s'éloigne lentement avec des retours de colère ; mais *Regnault* ne peut se résoudre à reculer, avant d'avoir épuisé ses dernières cartouches. Il engage ses camarades à suivre son exemple. Bientôt, hélas ! il reste seul contre d'invisibles ennemis, abrités derrière des murailles.

Une balle impie l'atteint au front et vient glacer cette tête où fermentait une âme si ardente, cet œil si lumineux, cette main si habile et si ferme. C'est fini de tant de projets, d'affections et d'espérances.

*
* *

Lorsque la nouvelle se répandit qu'*Henri Regnault* était parmi les morts de Buzenval, ce fut dans Paris assiégé, bientôt dans la France entière une universelle émotion, une profonde douleur, un deuil ajouté à un autre deuil. Au milieu des désastres publics on eut des larmes pour un individu. Des peintres et des sculpteurs représentèrent sa mort héroïque ; les Muses le pleurèrent ; Eugène Manuel lui consacra une élégie inspirée, dont voici les derniers vers :

> Ah ! soyez donc de ceux que Dieu choisit lui-même,
>   Et qu'il a marqués de son sceau ;
> Que l'artiste charmé vous admire et vous aime ;
>   Rendez fameux votre pinceau ;

Soyez plus qu'un espoir et plus qu'une promesse ;
    Ayez la force et la beauté,
Ayez toute la grâce et toute la jeunesse,
    Et tout l'avenir enchanté,
Pour qu'un soir il suffise à la brutale envie
    D'un goujat qui sait son métier,
De faire feu : du coup il supprime une vie
    Qui va manquer au monde entier !
Pauvre enfant, il rêvait encor la délivrance ;
    Nos vœux brûlants étaient les siens ;
Et voilà pour adieux ce que te laisse, ô France,
    Le dernier plomb de ces Prussiens !
Oh ! qu'il fut triste et noir le jour des funérailles !
    Va, tu fais bien d'être endormi.
C'était l'heure où la faim désarmait nos murailles
    Et nous courbait sous l'ennemi !
Paris était venu, près de ta fiancée,
    Au grave et sombre rendez-vous :
Chaque regard cachait une morne pensée
    Faite de honte et de courroux.
Tous, les jeunes, les vieux, dans la foi, dans le doute,
    Nous méditions, le cœur navré ;
Et le *De Profundis* qui montait vers la voûte
    Jamais n'avait ainsi pleuré ;
Car, en couvrant des yeux cette bière drapée,
    Nous conduisions un autre deuil :
La Patrie avec toi, du même coup frappée,
    Dormait aussi dans ton cerceuil !

C'est que *Regnault* avait 27 ans et que son nom était déjà dans toutes les bouches ; c'est que la jeunesse saluait en lui l'artiste favorisé du ciel qui ouvrait à l'inspiration des voies nouvelles et des horizons souhaités, c'est qu'au moment où la Patrie définitivement vaincue, était obligée de poser bas les armes, de subir toutes les humiliations, de payer toutes les rançons, celui de ses enfants dont elle était peut-être la plus fière, celui dont elle attendait le plus pour sauver, à défaut de sa gloire militaire éclipsée, l'honneur de sa gloire artistique, celui-là venait de payer de sa vie sa bravoure et son patriotisme !

*
* *

Mais non, je ne veux pas croire, Mesdames et Messieurs, qu'une âme si forte et si lumineuse puisse être anéantie par une balle prussienne. Ces âmes-là, quand leur jour est venu, nous quittent et s'envolent dans la clarté, pour recommencer ailleurs la même œuvre, le même développement, avec des instruments et des organes supérieurs, des sentiments plus délicats.

Elles s'en vont de sphère en sphère poursuivre cette réalisation passionnée du beau et de l'idéal qu'elles ont cherchée sur la terre.

Regnault est mort grand artiste et grand patriote ; — il revit grand artiste et grand patriote dans des mondes inconnus.

Et, c'est de là qu'il descendra au jour de l'inévitable bataille, sous les traits avec lesquels il a dessiné lui-même, peu de temps avant sa mort, le *Génie vengeur de la France*, pour répéter, comme à Montretout et à Buzenval, à nos soldats aux prises dans la lutte décisive : « Amis, serrez vos « rangs et en avant ; — Vous êtes l'espoir suprême de la « Patrie. »

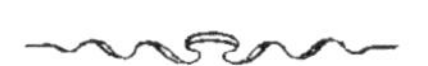

33

www.ingramcontent.com/pod-product-compliance
Ingram Content Group UK Ltd.
Pitfield, Milton Keynes, MK11 3LW, UK
UKHW021000230726
13924UKWH00009B/154